ओ मेरी गुलदावरी

ग़ज़ल संग्रह

बागी चाचा

डायमंड बुक्स

www.diamondbook.in

प्रकाशक : डायमंड पॉकेट बुक्स (प्रा.) लि.
X-30, ओखला इंडस्ट्रियल एरिया, फेज–II
नई दिल्ली–110020
फोन : 011–40712200
ई–मेल : sales@dpb.in
वेबसाइट : www.diamondbook.in
संस्करण : 2023
मुद्रक : रेप्रो (इंडिया)

O Meri Guldavari (Gazal Sangrah)
by *Bagi Chacha*

विशुद्ध हिंदी जमीन पर व्यंग्यात्मक ग़ज़लें

"ओ मेरी गुलदावरी" वरिष्ठ कवि बागी चाचा की लगभग 74 ग़ज़लों का एक ऐसा संग्रह है, जिसकी ग़ज़लें विशुद्ध रूप से हिन्दी की ज़मीन पर रची–बुनी गई हैं। कवि बाग़ी चाचा चूँकि हास्य–व्यंग्य की रचनाओं के लिए जाने और पहचाने जाते हैं तो उनका यह हास्य–व्यंग्य उनकी ग़ज़लों पर भी हावी रहा है; यही कारण है कि उनकी ग़ज़लों के अश्‌आर कभी खिलखिला कर हँसने पर विवश करते हैं तो कभी ऐसा व्यंग्य अथवा कटाक्ष कर जाते हैं जो मन की गहराईयों तक उतरकर बहुत–कुछ सोचने–विचारने पर विवश कर देते हैं। अपनी बात को आम लोगों तक पहुँचाने के लिए कवि ने आम लोगों की भाषा का ही प्रयोग किया है और इसके लिए अनेक स्थानों पर उन्होंने ग़ज़ल की परम्परागत बहरों (छन्दों) का अतिक्रमण भी किया है। उनका यह अतिक्रमण साहित्यिक–पुरोधाओं को कितना रास आएगा, कितना नहीं... यह एक अलग चर्चा का विषय हो सकता है (चूँकि आम पाठक को ऐसे विषयों से कुछ लेना–देना नहीं होता। वह तो यह देखता हे कि रचना मनोरंजन के साथ–साथ कुछ ज्ञान भी दे रही है या नहीं?) कवि अपनी रचनाओं के माध्यम से अपने लक्ष्य को साधने में सफल नज़र आ रहा है।

कवि ने अपनी रचना–धर्मिता के समय अपने चारों ओर अपनी पैनी दृष्टि गड़ाए रखी है और हर चीज़ के हर पहलू का बारीक़ी से निरक्षण एवं अध्ययन करके अपनी बात कहने का प्रयास किया है। कवि की सोच और रचनात्मकता का कैनवास बहुत विस्तृत है। कवि अपने समाज की बात करता है, आम आदमी की स्थिति को उजागर करता है, कभी सामाजिक विद्रूपताओं और रिश्ते–नातों की कलई खोलता है, कभी करोना–जैसी बीमारी/महामारी को देखकर ठिठक जाता है। कभी कवि त्योहारों से उल्लसित होता है तो कभी राजनीति के कुचक्रों से व्यथित हो उठता है।

कवि की ग़ज़लों में हास्य–व्यंग्य का एक नमूना देखिए–

क्या बिगड़ता है गधे को बाप कहने में
वक्त उल्टे तो उसी की खींच ले तू चाम

इसी ग़ज़ल का एक शेर और देखिए–

यार तुमसे ख़ास होगा और मेरा कौन
कह रहे चरणामृत और दे रहे हो जाम

हास्य–व्यंग्य की ख़शबू से महकता उनका एक शेर और देखिए–

बीवी की तो चुप ही अच्छी लगती है,
मगर पड़ोसन गप्पी अच्छी लगती है।

कवि अपनी हास्य–व्यंग्य की शैली में कभी हँसता–गुदगुदाता है तो कभी बहुत–ही सहज–सरल अंदाज़ में बहुत गहरी बात भी कह जाता है। वह बताता है कि जब कोई अपना आदमी अर्थात् नज़दीकी आदमी (भाई–बन्धु, दोस्त–रिश्तेदार आदि) पलटी मारता है यानि धोखा देता है तो आदमी की नींद उड़ जाती है, वह बेचैन हो उठता है तथा भविष्य में ऐसे तथाकथित "अपनों" से चौकन्ना/सतर्क रहने लगता है। देखें कवि के शब्दों में–

पलटी मार गई वो जबसे
रहते हैं हम जागे–जागे

यहाँ पहली नज़र में यह महसूस हो सकता है कि कवि अपनी प्रेमिका की बात कर रहा है, जबकि ध्यान देने और विचारने पर इस शेर का बड़ा कैनवास नज़र आने लगता है कि यह शेर इतना संकुचित दायरे में कैद नहीं हो सकता। यह जो कवि के काव्य के काव्य–कौशल का एक नमूना है जो बड़ी बात को भी सहजता से सबसे सामने परोस दिया।

कवि की व्यंग्यात्मक–खुशबू में रची–बसी कुछ और अश्आर भी आपके समक्ष प्रस्तुत करता चाहता हूँ–

उसकी राजधानी में यारों सभी लुटेरे हैं खुशहाल
साफ़ नज़र आता है तिनका यारों उसकी दाढ़ी में

आप पर आरोप सारे झूठ हैं
राज जब तक आपके है बाप का

इस संग्रह के नाम यानी उन्वान (शीर्षक) को अपने व्यंग्यात्मक शेर में कवि कुछ यूँ ढालता है–

सूर्य को अपनी तिजोरी में बिठाकर
वह अंधेरे को भगाना चाहता है

प्रस्तुत संग्रह में ऐसे अनेक अश्आर हैं जिनका यहाँ ज़िक्र यानि उल्लेख होना चाहिए था मगर स्थानाभाव की विवशता है, इसलिए मुझे अपनी कलम को विराम देने के लिए विवश होना पड़ रहा है। लेकिन एक बात पूरे दिल से कह सकता हूँ कि यह संग्रह है बहुत ही लाजवाब। पाठकों को यह नयी सोचों की झूला झुलाता है तो हँसते–हँसाते बहुत–कुछ गम्भीर सोचने पर विवश भी कर देता है। इसके लिए कवि के काव्य–कौशल को पुनः साधुवाद। मुझे यक़ीन है कि यह संग्रह काव्य–साहित्य में अपना एक अलग मुकाम बनाएगा।

शुभकामनाओं साहित–

देवेन्द्र माँझी

ए-402, श्री राधाकृष्णन ग्रुप हाऊसिंग सोसाइटी,
प्लॉट न.- 23, सेक्टर-7
द्वारका, नयी दिल्ली-110075

विषय सूची

याद आती है

याद आती है, छटपटाता हूँ,
मन ही मन में, मैं गुनगुनाता हूँ।

कोई पूछे तुम्हे हुआ क्या है,
मौन की बाँसुरी बजाता हूँ।

जिस गली में कभी मिली थी वो,
कितने चक्कर में काट आता हूँ।

लिखता हूँ, फाड़ता हूँ, फिर लिखता,
रात–दिन इस तरह बिताता हूँ।

दौर चलता सदा खुशी, ग़म का,
इस तरह जिंदगी लुटाता हूँ।

राम का ले नाम

राम का ले नाम बन्दे, राम का ले नाम,
एक छुरा मिल जाए पैना, हाथ में ले थाम।

क्या बिगड़ता है गधे को बाप कहने में
वक्त उलटे तो, उसी का खींच ले तू चाम।

धूर्त जो तुमसे बड़ा, मिल जाए जीवन में,
है भला इसमें तेरा, कर दण्डवत प्रणाम।

चोर, चाकूबाज, चमचे, चापलूसों की,
चाण्डाल चौंकड़ी को, मान चारों धाम।

यार तुमसे खास होगा, और मेरा कौन,
कह रहे चरणामृत और दे रहे हो जाम।

सोमरस में डूबकर, फिर तैरना सीखो,
मदभरी हो जाए ताकि आपकी हर शाम।

छुआ तक उनको नहीं था, छेड़ना तो दूर,
हम तो यों ही हो गए हैं मुफ्त में बदनाम।

भ्रष्टाचार लबालब पूरा

भ्रष्टाचार लबालव पूरा, नदी, तलैया, खाड़ी में,
पर ईमान फंसाया जाता, अब कानूनी झाड़ी में।

उसकी परधानी में यारो, सभी लुटेरे हैं खुशहाल,
साफ नजर आता है तिनका, यारो उसकी दाढ़ी में।

जड़े हुए राब हीरे नकली, उनको ही असली मानो,
दोष मगर मत देखो भैया, तुम मैडम की साड़ी में।

चर डाले हैं खेत इन्होने, देखो सारे के सारे,
लूट मची है इनकी अब तो, घर–घर आंगनबाड़ी में।

शर्त मगर ये है अन्ना की, उन्हे कभी न छोडेंगे,
लूटपाट करने बैठे हैं, जो सत्ता की गाड़ी में।

भाव शब्दों को चुराए

भाव शब्दों को चुराए, कवि नहीं वह चोर है,
चोर वो भी है, कि जिसका चुटकुलों पर जोर है।

दूसरों का भार ढोए, शब्द का या भाव का,
उसको कैसे कवि कहूं मैं, वह डंगर–ढोर है।

आज के इस दौर में, कवि–पशु मिलेंगे हर जगह,
मुफ्त खोरी की कला में ही जो आत्म विभोर है।

कहाँ से अब क्या चुराऊँ, ध्यान में जिसके सदा,
नया कुछ जो दे न पाए, वह कवि तो बोर है।

मंच पर मत पूछिए, क्या–क्या गजब ढाते है लोग,
चोर–सीनाजोर, कवियों का बड़ा ही शोर है।

अपनी जय–जय में लगे हैं, अपने पैसे खर्च कर,
काव्य में अब बाहुबलियों की अन्धेरी भौर है।

क्या करे 'चाचा किशन कौशिक' बगावत के लिए,
भैरवों के साथ उनकी भैरवी का मोर है।

लाल नीला उनका पिछवाड़ा अगर हो जाए तो,
सोच लेंगे दुष्ट तब, 'बागी' बड़ा मुंहजोर है।

आपसे झुकता शहर है

आपसे झुकता शहर है शुक्रिया,
आपने इसके लिए क्या ना किया।

कोठे–कोठी और झुग्गी–झौपड़ी,
है बड़ा अहसान सब पर आपका।

जो घरों की मांग लेकर आए थे,
घाट का रस्ता उन्हे दिखला दिया।

भूलकर भी आइना मत देखिए,
ये सदा होता नहीं अपना सगा।

सच कहूं तो आदमी हो काम के,
कारनामे आपके सब को पता।

आप पर आरोप सारे झूठ हैं,
राज जब तक है आपके बाप का।

आप खुद अपने शहर की नाक हैं,
कट गई जो आपकी तो क्या हुआ।

चलो न कोई ऐसी चाल

चलो न कोई ऐसी चाल,
जिस पर करना पड़े मलाल।

स्वाभिमान का ध्यान रखो,
रहे तुम्हारा ऊँचा भाल।

ऐसे कर्म करो जिससे,
करे न कोई बाँका बाल।

निज श्रम की रोटी खाना,
कोई उठा न सके सवाल।

सत्य धर्म का ध्वज फहरा,
हो जाओगे मालामाल।

दुष्ट पड़े यदि पीछे तो,
उसकी खूब खींच लो खाल।

सच्चाई की राह चलो,
अंग संग हो राम गुपाल।
पाप कर्म जो छूता हो,
नहीं बिछाओ ऐसा जाल।

'चाचा' ऐसी चंग बजा,
पूरा जग हो उठे निहाल।

चाय में चीनी विदेशी

चाय में चीनी विदेशी पी,
इस तरह अब ठाट से तू जी।

है भलाई भूलने में ही,
क्या हुआ करता है देसी घी।

मत भरी दुकान को निहार,
ले न पाएगा लंगोटी भी।

हवा पर तो टैक्स नहीं है,
मेहरबानी मान सत्ता की।

जो दरारें हैं दीवारों पर,
मान उनको भाग्य रेखा ही।

जीतेगा अपना भारत

जीतेगा अपना भारत।
कोरोना से डरना मत,
हिम्मत पूरी ही तू रख।

आई है तो जाएगी,
टल जाएगी ये आफत।

धैर्य धरो व करो उपाय,
दिल तो बोलेगा धक–धक।

बात मान ले मोदी की,
आएगी तुझ में हिम्मत।

युद्ध स्तर पर उतरा है,
जीतेगा अपना भारत।

आँख में अश्क आए

आँख में अश्क आए तुम्हारे लिए,
पीठ पर जख्म खाए तुम्हारे लिए।

तुम्हारे लिए, बस तुम्हारे लिए,
कितने सपने सजाए तुम्हारे लिए।

प्यार का भूत ऐसा चढा बावरी,
हम रहे बिन नहाए तुम्हारे लिए।

याद तेरी समेटे–समेटे फिरूँ,
गीत भी गुनगुनाए तुम्हारे लिए।

हम फिरें ओढकर चाँदनी रात भर,
कितने चक्कर लगाए तुम्हारे लिए।

अब तो आ जा सभी बेड़िया तोड़कर,
नैन भी डबडबाए तुम्हारे लिए।

कल सुनोगी जहाँ से ये 'बागी' गया,
हो गए हम पराए तुम्हारे लिए।

कैसा है व्यापार

कैसा है व्यापार तुम्हारी नगरी में,
कितने बेरोजगार तुम्हारी नगरी में।

डाकू था वो तो संसद में पहुँच गया,
चोरों की भरमार तुम्हारी नगरी में।

हिन्दु मुस्लिम का देखा भाईचारा,
नहीं जरा भी प्यार तुम्हारी नगरी में।

होली खेल रहे लेकिन वो कीचड़ से,
ये कैसा त्यौहार तुम्हारी नगरी में।

मूली एक बीस रूपये की मिलती है,
महँगाई की मार तुम्हारी नगरी में।

महिलाओं को घर से नहीं निकलने दें,
घर हैं कारागार तुम्हारी नगरी में।

उल्लू एक, बहुत हैं उल्लू के पटठें,
गिरनी है सरकार तुम्हारी नगरी में।

जात–पात चलती है धूम धड़ाके से,
खिंची हुई तलवार तुम्हारी नगरी में।

नगर पालिका जब से बनी है भैया जी,
आपस में तकरार तुम्हारी नगरी में।

धैर्य धरो 'बागी' नगरी में आएगा,
कर लेना सत्कार तुम्हारी नगरी में।

कितने गीदड़, कितने शेर

कितने गीदड़, कितने शेर,
कितने तीतर और बटेर।

बाज पकड़ कर चिड़िया को,
करता है कितनी अंधेर।

बंदर चला पहन चश्मा,
लिए हाथ में बेंत कनेर।

खम्बे पर चिड़िया बैठी,
लगा रही है किसको टेर।

बैठा काग मुँडेरे पर,
देखो लिए चोंच में बेर।

रमलू की गैया ब्याई,
लटक रह है अब तक जेर।

कोयल कूक रही वन में,
सन्नाटे को करती ढेर।

डरने की कोई बात नहीं,
तू भी अपनी आँख तरेर।

'बागी' चिंता मत करना
क्रान्ति आएगी देर–सबेर।

देखिये ये आज

देखिये ये आज का अखबार है,
दुःख केवल दुःख की भरमार है।

सब समस्याएँ खड़ी अपनी जगह,
कुर्सियों से आस अब बेकार है।

हमने सत्ता भी बदल कर देख ली,
किन्तु बेढंगी वही रफ्तार है।

सब बराबर हैं मगर कानून के,
किन्तु सबका दोगला व्यवहार है।

एक जंगल राज है इस देश में,
पर नहीं कोई यहाँ सरकार है।

बोलती सब की करेगा बन्द वो,
फिर पटेलों की यहाँ दरकार है।

सब भरोसे चल रहा भगवान के,
सब का रक्षक बस वही करतार है।

वाक–सूरों की कमी कोई नहीं,
भाषणों में खूब छलका प्यार है।

देश को जो लूटकर खाते रहे,
कह रहा 'बागी' उन्हे धिक्कार है।

इस देश में

इस देश में बहती ये कैसी गंगा है,
इसके घाटों पर मगर पण्डितों का धन्धा है।

यों कब से सदाचार पर वो बोल रहा,
पता चला है कि वो आदमी लफंगा है।

ये अलग बात, पुजारी ने चुराई मूरत
मामला ये है कि पूरे शहर में दंगा है।

अब तो बेमौत यहां रोज कोई मरता है,
उठते नहीं हाथ, उठाने को बचा कन्धा है।

हमसे ये भूल हुई, संत उसे कह बैठे,
हमने अपने गले में डाला स्वयं फंदा है।

सभी रियासत उसकी ही

सभी रियासत उसकी ही,
इस धरती, उस अम्बर की।

हमें बनाया क्यों उसने,
चलती है जब उसकी ही।

धरती पर है धक उसकी,
हमें मिले धक्का–मुक्की।

तुझमें मैं और मुझमें तू,
यही पहेली बनी हुई।

तू दिखता कब आँखों से,
खोज निकाला हमने ही।

खुद तो भोगे परमानन्द,
जग की ऐसी–तैसी की।

ज्ञान बखान हुआ कितना,
मुद्दा अब भी है रोटी।

हम सीढ़ियाँ चढ़ने लगे

हम सीढ़ियाँ चढ़ने लगे थे आसमान में,
फिर लौटकर के आ गिरे अपने मकान में।

फैली हुई है दुनिया ये, हम सबके चारों ओर,
पर अपना कोई बन सका कब, इस जहान में।

तुम भी तो कोई तीर बड़ा मार कब सके,
भगवान के हैं चित्र टँगे क्यों दुकान में।

जीने का हुनर हमको, नहीं आया आज तक,
अकड़े रहे है व्यर्थ अपने स्वाभिमान में।

पीने की लत लगी है मुफ्त आपको जनाब,
मत मानना बुरा, कहा है सिर्फ कान में।

नेता निकाल दीजिए तो शुद्ध हैं सभी,
कुछ भी कमी नहीं है मेरे हिन्दुस्तान में।

'बागी' जबान दे के कभी चूकता नहीं,
बेशक नहीं आस्था गीता कुरान में।

आदमी खुद को

आदमी खुद को उठाना चाहता है,
किन्तु औरों को गिराना चाहता है।

जिन्दगी का एक मकसद रह गया है,
ढेर सारा धन कमाना चाहता है।

जिस किसी मैदान में उतरा हुआ है,
दूसरों को वो हराना चाहता है।

बन्दगी है अब दरिद्रों की सहेली,
खून से दीपक जलाना चाहता है।

सूर्य को अपनी तिजोरी में बिठाकर,
वह अन्धेरे को भगाना चाहता है।

आप सोता ही रहे दिन रात लेकिन,
दूसरों को वह जगाना चाहता है।

दूसरों की झोपड़ी को आग देकर,
अपनी दीवाली मनाना चाहता है।

दूसरों के घर गिराकर छीन सब कुछ,
अर्थियाँ अपनी सजाना चाहता है।

आज 'बागी' को बुलाना ही पड़ेगा,
आदमी सब कुछ मिटाना चाहता है।

गिरगिट बन दरबारी लाल

गिरगिट बन दरबारी लाल,
पहनो नए रंग की खाल।

बेशर्मी को धर्म बना,
तभी गलेगी तेरी दाल।

लूटपाट की विधि बदल,
जो अजमा ली पिछले साल।

सत्ता के पत्ते बिठला,
हो जाओगे मालामाल।

माल पचाना सीखा तो,
गाल तेरे भी होंगे लाल।

लोकतन्त्र का मन्त्र यही,
कुछ गुण्डे तू भी ले पाल।

टंगड़ी मार गिरा प्यारे,
और बताओ इसे धमाल।

राजनीति तो सर्कस है,
गिरकर पड़कर पुनः उछाल।

वादे कभी न कर पूरे,
नीति नेक है टालमटाल।

संसद एक अखाड़ा है,
नई–नई तू काट निकाल।

हाई कमान पटे इक दिन,
तलुए चाटो, बनो दलाल।

सात दशक की आजादी

सात दशक की आजादी है प्रश्न आज भी रोटी है,
प्रगति पताका लहराने की रोटी एक कसौटी है।

बेशर्मी की हद है यारो अभी गरीबी हटी नहीं,
नेताओं को कुछ भी कह लो उनकी चमड़ी मोटी है।

निर्धन चटनी रोटी खाकर अपना काम चला लेता,
पर धनवानों की थाली में लेग पीस या बोटी है।

गान्धी बाबा पहन लंगोटी चौराहे पर खड़े हुए,
कोई ऐनक छीन ले गया, लाठी कर दी छोटी है।

ऐसा दिन भी आ सकता है हाल यही रहता है तो,
थाने में जाएगें बाबा, मेरी छिनी लंगोटी है।

जो नंगा होने लायक है, उसको नंगा कर डालो,
कमर बन चुकी है कमरा अब, सिर पर जबर भरोटी है।

'बागी' देश भक्ति की ज्वाला, अब हर दिल में जलनी है,
जो इस पर पानी डालेगा, उसकी नीयत खोटी है।

प्रेम प्याला पी रहे

प्रेम प्याला पी रहे खुद, मुझको भी पिलाओ न,
प्यार से कुछ चुश्कियाँ, मुझको भी लगवाओ न।

थोड़ी चंचल, थोड़ी चिकनी और थोडी चुलबुली,
ऐसी एक चितचोरनी को, चाचा से मिलवाओ न।

बागी हूँ मैं, बाग में उस बिल्लो को ले जाऊँगा,
कम्बख्तो ! क्या देखते हो, बिल्लो को तो लाओ न।

उसके ओठों से छुआकर, जाम मैं पीता रहूँ,
जो कभी न बुझ सके, वो आग तो सुलगाओ न।

राज की वो बात आज, यों राज न रह पाएगी,
वो उठ रही है खाज, थोड़ा और तो खुजलाओ न।

यों भंग पीकर ढंग से, कुछ रंग मैं भी भर सकूँ,
दे दो एक उड़ती पतंग, दरियादिली दिखलाओ न।

क्या धरा है यार

क्या धरा है यार अब कानून में,
आ रहे साबुत चने अब चून में।

जाइये ना आप देहरादून में,
भून डालेगा ये मौसम जून में।

दांत टूटा चोट से, लेकिन मियाँ,
दोष देखे जा रहे दातून में।

जिस कलाकारी से मिलती कुर्सियाँ,
वो कला होती है हर बातून में।

लोग पोथी तो बचा पाए नहीं,
हाथ डाले बैठे हैं मजमून में।

देख भी लो, थोबड़ा अपना जरा,
दोष ढूंढे जा रहे हो मून में।

हम तन्दूरी ही पकाते हैं हुजूर,
फ्राई मक्खन में करें या खून में।

दौर पंजे का चला भरपूर जब,
बल समूचा आ गया नाखून में।

मुझे एक ने खूब सताया

मुझे एक ने खूब सताया,
दूजी ने पूरा तड़पाया।

सबसे ज्यादा जिसको चाहा,
उसने सबसे अधिक रूलाया।

और पकड़ से दूर रही एक,
कहाँ–कहाँ में पीछे धाया।

रक्षा–बन्धन पर वो आई,
भाई–प्रेमी संग बनाया।

जितनी मिली, मिली सब ऐसी,
नहीं किसी ने साथ निभाया।

उस गौरी चिट्टी ने खुद को,
पास्ट–टेंस में ही दफनाया।

एक कलूटी ही मिल जाए,
भगवन रच दे ऐसी माया।

इस शहर में

इस शहर में, देखिए कितने बड़े हैं लोग,
दूसरों के पाँव पर, कैसे खड़े हैं लोग।

सीढ़ियाँ बनाने में, तो पीढ़ियाँ लगीं,
दो कदम चढे नहीं, कि गिर पड़े हैं लोग।

जिन घरों में, यार कोई खिड़कियाँ नहीं,
उन घरों में देखिए तो, नकचढे हैं लोग।

तमगा मिला है और को, उनका नहीं है नाम,
जंग के मैदान में, जितने लड़े हैं लोग।

आँसू भी यों बहावोगे, तो कुछ असर नहीं,
पानी उतर गया है, चिकने घड़े हैं लोग।

वे मिटाएंगे बुराई

वे मिटाएंगे बुराई, कैसा ये एलान है
आज जिनके हाथ में बस कागज़ी किरपान है।

सोंप कर तो वे गए थे इनको सिंहासन मगर
अब वहाँ पर एक टूटी खाट की मचान है।

छांव देगा पेड़, सोचा और फाँसी चढ़ गए
छाँव के बदले जहां पर अब बड़ी दुकान है।

लोटा लेकर जल चढाने अब कोई आता नहीं
वास्ते चूल्हे के सबका टहनियों पर ध्यान है।

नीम के दालान में है, यारो इमली के शजर
नीचे बैठें हैं शराबी, हो रहा मद्यपान है।

जब कभी छपती है खबरें बाढ़ आने की मिआं
गांव में हर रोज मंडराते वायुयान है।

मौन है धरती समूची, मौन है ये आसमां
कह दो उनसे आने वाला अब यहां तूफान है।

आपने देखा हमें

आपने देखा हमें जब प्यार से,
यों लगा गुजरें हैं गंगाधार से।

रूप की ललकार से, फटकार से,
कौन बच पाया है इस सत्कार से।

रोज दिख जाया करो एक बार तो,
कह रहा हूँ मैं बड़ी मनुहार से।

मैं कहूँ कैसे कि तुम पर हूँ फिदा,
डरते–डरते कह रहा हूँ यार से।

स्वप्न में आने लगी हो तुम प्रिये,
क्यों न मिलना हम करें इतवार से।

मैं तुम्हे जिस दिन न देखूं ओ सनम,
खुद को लगता है कि हैं बीमार से।

कुछ न कुछ आघात हो सकता है अब,
नैन लड़ते हैं बड़ी रफ्तार से।

काश ऐसे बात आगे बढ सके,
हो सके मिलना ससुर परिवार से।

मन है, तेरी कैद में रहने का अब,
रूठ मत जाना, किसी तकरार से।

यार को प्यार से

यार को प्यार से, पुकारो तो,
जिंदगी रूप है, संवारो तो।

नन्हे बच्चे को, गोद में लेकर,
तुम उसे प्यार से दुलारो तो।

आँधियाँ थम गई हैं, भैया जी,
अपने आँगन को अब बुहारो तो।

सरहदों पर खड़ा दुश्मन,
गोलियों से उसे निखारो तो।

जब पड़ोसी न राह पर आए,
हो सके तो, उसे नकारो तो।

सारे प्राणी हैं प्यार के भूखे,
प्रेम से तुम उन्हे निहारो तो।

आओ कुछ रेत पर टहल लें अब,
नाव को घाट पर उतारो तो।

ये कौन मेजबान है

ये कौन मेजबान है, ये कौन मेजबान है?
मेज पर सजी हुई ये कौन–सी दुकान है?

जवानियाँ–जवानियाँ ये रह गई कहानियाँ,
मैं दो कदम चला नहीं, क्यों हो गई थकान है।

किसान की किसानियाँ है खा गई जवानियाँ,
कमर हुई कमान, पर चुका नहीं लगान है।

है क्या अजीब माजरा, समझ में कुछ न आ सका,
उठान में ढलान है, ढलान में उठान है।

घुमाव पर घुमाव हैं, तनाव पर तनाव हैं,
खड़ा–खड़ा मैं पूछता, ये किसका घर मकान है।

रमता जोगी, बहता पानी

रमता जोगी, बहता पानी,
दोनों की है एक कहानी।

सर्दी को बस आ जाने दो,
तभी मिलेगी धूप सुहानी।

जाड़े में ही ठीक रहेगा,
तब खाना बादाम खुबानी।

कहने को तो, कुछ भी कह लो,
खास बात कब हुई पुरानी।

कभी तो मच्छर घुस जाएगा,
रोज लगा लो मच्छरदानी।

राम नाम पर टिका है जीवन,
हनुमान की मेहरबानी।

संयम का दामन मत छोड़ो,
बहुत हो चुकी है मनमानी।

थोड़ा बहुत भजन कर ले अब,
'चाचा' दुनिया आनी–जानी।

हो गया, हो गया

हो गया, हो गया, हो गया,
चैन मेरा कहीं खो गया।

मुस्करा कर के वो चल दिए,
प्यार का बीज–सा बो गया।

नींद आती नहीं रात भर,
दिन का आराम भी तो गया।

हो गया मन मेरा बावरा,
आसमां ओढ़ कर सो गया।

इतनी बरसात आई यहाँ,
एक बादल कहीं रो गया।

पर्वतों पर पतंगें उड़ीं,
लोग बोले गया वो गया।

घर चलाने में 'चाचा' खपा,
बोझ छाती पर सब ढो गया।

बच्चे आंगन की शोभा

बच्चे आंगन की शोभा होते हैं,
पल भर में हँसते–हँसते रोते हैं।

वे माँग नहीं करते अक्सर कुछ भी,
जब माँग करें तो रट्टू तोते हैं।

वे जिद पर अड़ जाए तो बुरी तरह,
अपना आपा रोने में खोते हैं।

बस एक बात पर ध्यान दिया मैंने,
बच्चे रोते–रोते ही सोते हैं।

घर वाले प्यार दुलार लुटाते हैं,
बच्चे आंगन में खुशियाँ बोते हैं।

वे छपक–छपक करते हैं पानी में,
टब में ही, लगते उनके गोते हैं।

तब मेरे मन में पीड़ा होती है,
आंसू से जब अपना मुख धोते हैं।

कुछ अपना और पराया नहीं यहाँ,
'चाचा' के ही सब पोती–पोते हैं।

है आदमी लगा हुआ

है आदमी लगा हुआ, सुख की तलाश में,
कहने को मन्दिर रख लिया, अपने निवास में।

उसकी है ऐसी धारणा, धरती पे कुछ नहीं,
रहते हैं सारे देवता, केवल आकाश में।

कहने को मनुज एक है, अगणित अनेकता,
अन्तर–अनन्त देखिए भाषा लिबास में।

धर्मों की बाढ़ आ गई है, अपने देश में,
देखोगे अन्धकार ही, जगमग प्रकाश में।

कितनी मनौतियाँ, सभी से मांगते हैं हम,
पत्थर से शीस फोड़ते, बेटों की आस में।

तन में नहीं है जान, दृष्टि आसमान में,
ओटों पे गालियाँ, शराब है गिलास में।

'बागी' तेरी तलाश, बस तलाश रह गई,
हम शांति ढूँढते हैं, रंग–रूप रास में।

सत्ता के कन्धों पर

सत्ता के कन्धे पर चढ़कर, यारो उल्लू बोल रहा है,
भाग जगे है कैसे उसके, राज–भवन में डोल रहा है।

कुर्सी से नीचे थे जब तक, थे केवल मिट्टी के माधो,
कुर्सी पर आए है जब से, हीरे जैसा मोल रहा है।

राजधर्म का मूल–मन्त्र अब, बन्दर–बाँट हुआ है जैसे,
जिसके भी है हाथ तराजू, अपना हिस्सा तोल रहा है।

प्रजातन्त्र का नाम भले है, ढोलतन्त्र चल रहा यहाँ पर,
जितना पीटो, उतना बोले, अन्दर पोलमपोल रहा है।

धूर्त बड़े हैं जितने भी सब, राजनीति में टिके हुए हैं,
सत्य मार्ग पर चलने वालों, का तो बिस्तर गोल रहा है।

किस करवट बैठेगा अब ये ऊँट, बताए कैसे कोई,
मरा पड़ा है ऊँट कभी का, क्या उम्मीद टटोल रहा है।

चंबल वाले यहां आ गये, शाल दुशाले ओढ–ओढ कर,
डरता नहीं किसी से भी कवि, भेद सभी का खोल रहा है।

सेवा करने को आया है, मेवा खाकर फूल गया है,
कभी कफ़न में जेब न लगती, क्यों इसमें विष घोल रहा है।

औरों को पीड़ा देता है, खेल रहा है खेल घिनौने,
क्या औरों को चोट न लगती, अपना दर्द फरोल रहा है।

जब कला में

जब कला में जाएगा पूरा निखर,
तभी तो छू पाएगा ऊँचा शिखर।

अपने आपे को खपा पूरी तरह,
उभर पाएगा तभी श्रम से हुनर।

जो भी अपने धर्म में रम जाएगा,
आस्था उसको बनाएगी निडर।

शब्द अर्न्तभाव को कस कर पकड़,
समझ पाएगा तभी असली खबर।

हौसला कुछ इस तरह बढ़ता गया,
रह न पाया पापियों को पाप डर।

बढ़ गया पाखण्ड अब संसार में,
सत्य के बस बच गए हैं खण्डहर।

मत उड़ो ज्यादा, रहो औकात में,
वक्त ने डाले, सभी के पर कतर।

हाल फैशन ने किया ऐसा बुरा,
आदमी में अब रहा, नारी न नर।

मर गई इन्सान की संवेदना,
हो गई है, पत्थरों की अब नज़र।

दूसरों की मत करो आलोचना,
आपका घर बन न जाए नाचघर।

'बागी' तेरे देश को ये क्या हुआ,
हो गया सो हो गया, छोड़ो जिकर।

चाँद सरीखा तेरा मुखड़ा

चान्द सरीखा तेरा मुखड़ा लगता है,
फिर जाने क्यों, उखड़ा–उखड़ा लगता है।

गुस्से में मत देख, इस तरह ओ जालिम,
दिल भी अब तो टुकड़ा–टुकड़ा लगता है।

तुमने जब से, अपना दुःख बतलाया है,
तेरा दुःखड़ा मेरा दुखड़ा लगता है।

डर लगता है, तुझे कहीं खो जाऊँ ना,
इससे मन भी सुकड़ा–सुकड़ा लगता है।

जब तुम हँसती हो, ऐसा लगे मुझे,
पतझड़ में भी सुखड़ा–सुखड़ा लगता है।

जब तुम बेलन लेकर, मुझ पर तन जाती,
पति परमेश्वर कुकड़ा–कुकड़ा लगता है।

गरज बरस कर, जब तुम मुझ पर छा जाती,
सारा मौसम बिगड़ा–बिगड़ा लगता है।

कैसे-कैसे लोग

कैसे–कैसे लोग यहाँ पर आते हैं,
खड़े–खड़े आते हैं, गिर कर जाते हैं।

मदिरालय में भीड़ बढ़ रही है भैया,
जिसको बोतल मिल जाती, इतराते हैं।

मदिरालय को मधुशाला कहलाने में,
अपनी पिचकी छाती खूब फुलाते हैं।

ठेके से अपने घर तक जा पाने में,
कैसे–कैसे कितने गाल बजाते हैं।

नाली में गिर जाते हैं चलते–चलते,
कुत्तों से भी अपना मुँह चटवाते हैं।

धीरे–धीरे सारे किल्ले बिक जाते,
ठाट नवाबी झुग्गी में दिखलाते हैं।

दिन में रिक्शा चला, कमाई पी जाते,
'चाचा' अपनी चाची पर चिल्लाते हैं।

अपना-अपना जमीर

अपना–अपना जमीर होता है,
कोई–कोई फकीर होता है।

एक दिन में नहीं, लगें सदियाँ,
कोई विरला कबीर होता है।

एक माँ से बिछुड़ गया बच्चा,
हाय, कितना अधीर होता है।

छेदकर वक्ष एक दुश्मन का,
खूब व्याकुल ये तीर होता है।

चोट गहरी लगे मेरे मन पर,
तेरा घायल शरीर होता है।

प्रेम में हीर बन गई रांझा,
और रांझा भी हीर होता है।

लाज का रंग है बहुत गहरा,
गाल खुद ही अबीर होता है।

मारने वाला कुछ नहीं 'चाचा',
जो बचाए वो वीर होता है।

आज सूरज को देखो

आज सूरज को देखो, तो ढल जाएगा,
सूर्य का क्या है, कल फिर निकल जाएगा।

क्या हुआ आज तेरी हुई हार है,
जीत का हार कल फिर से डल जाएगा।

आज चिंतित है, तू कर ले चिंतन जरा,
ये बुरा वक्त है, कल फिर बदल जाएगा।

छोटे बच्चे से खेलो तो कुछ देर को,
सच में मन तेरा ऐसे बहल जाएगा।

लड़खड़ाए कदम तू गिरा तो नहीं,
गिर भी जाता तो क्या, फिर सँभल जाएगा।

दिल तो दिल है, इसे मत बिसारो कभी,
ठोकरें मार मत, दिल कुचल जाएगा।

प्यार से देख लेगा अगर वो तुझे,
देख लेना, खिल कहीं पर कमल जाएगा।

एक 'बागी' बगावत की पूजा करे,
राष्ट्र अपना है, फिर से सबल जाएगा।

कितना सारा खून

कितना सारा खून जलाना पड़ता है,
तब जा कर के ग़ज़ल को लाना–पड़ता है।

शब्द चयन की कला दिखाने की खातिर,
गागर में सागर को उठाना पड़ता है।

सरहद पर जब होती जंगी तैयारी,
दुश्मन का हौसला गिराना पड़ता है।

सदा चोर की दाढ़ी में तिनका होता,
चोरों को अक्सर हकलाना पड़ता है।

उँचाई छूने की चाह अगर हो तो,
पहने अपना अहं गलाना पड़ता है।

कहता है जो खुद को

कहता है जो खुद को दानी,
पिला नहीं पाता वो पानी।

हिम्मत नहीं जुटा पाता जो,
मरती यहां उसी की नानी।

कुछ कोठे, कुछ कोठी मिलकर,
देखो, बन बैठे, राजधानी।

मुर्ग–मुसल्लम खाकर बोलो,
हिप–हिप हुर्रे वाली बानी।

कुर्सी के नीचे मत देखो,
नीचे बैठी कुतिया कानी।

कैसे भेद करोगे यारो

कैसे भेद करोगे यारो, चाकू और कुल्हाड़ी में,
गुण–अवगुण होते हैं सब में, मूरख और अनाड़ी में।

काँटेदार झाड़ न बोते, यारो आंगनवाड़ी में,
गुर हैं जितने राजनीति के, उससे अधिक खिलाड़ी में।

यों बेकार पड़ी चीजें भी, होती कब बेकार मियाँ,
सही मोल की समझ हुआ करती है एक कबाड़ी में।

कुछ को इंगलिश, कुछ को देसी, कुछ को सूट करे ठर्रा,
वैसा ही बस मजा मिले है, हर भैया को ताड़ी में।

पढ़ लेता है वैद्य नाड़िया, तन के अन्दर की बातें,
चेहरा मन का दर्पण है तो, तन बोले सब नाड़ी में।

अपने–अपने धन्धे के गुर, जाने है धन्धेवाला,
अन्तर कुछ भी नहीं रहा है, नेता और लबाड़ी में।

मन चंगा है तो फिर यारो, तांगे में भी रहे मजा,
चिंता लेकर बैठा तो फिर, मजा न मोटर–गाड़ी में।

कोठी, कार, करोड़ों भी हैं, फिर काहे की चिंता जी,
मोज मनाए, मस्ती मारे, हर मजदूर दिहाड़ी में।

'बागी' सिंह विचरता हरदम निर्भय पूरे जंगल में,
गीदड़, सूअर, हिरण, भेड़िए, छिप जाते हैं झाड़ी में।

देखा तुम्हें तो

देखा तुम्हे तो वक्त कुछ, ऐसे पलट गया,
जैसे किसी किताब का पन्ना उलट गया।

एक फोटो–सी पुरानी, मिल गई हो ज्यों,
नैन–नक्श हैं वही, पर रंग झटक गया।

गोदा था एक दिन जो मैंने तुम्हारा नाम,
अब भी निशां है पेड़ पर, वो नाम मिट गया।

कुछ पल जो गुजारे थे; तेरे इन्तजार में,
जैसे उन्ही पलों में, ये जीवन सिमट गया।

तुम थे करीब मेरे तो, कितना सुकून था,
तुम क्या गए, जहां से मेरा जी उचट गया।

अपना थोड़ा प्यार

अपना थोड़ा प्यार, मुझे भी दे दो न,
जीने का आधार, मुझे भी दे दो न।

धींगा–मस्ती वाले वे लटके–झटके,
ऐसे ही दो चार, मुझे भी दे दो न।

पड़ा हुआ हूँ मैं, इक निखद निखट्टू–सा,
हिरणी–सी रफ्तार, मुझे भी दे दो न।

नयन नाव में, बैठा लो मुझको प्रियतम,
प्यार भरी पतवार, मुझे भी दे दो न।

रूखा–सूखा जीवन, नहीं जिया जाता,
इक रसवंती धार मुझे भी दे दो न।

रहूँ काटता चक्कर तेरी गलियों के,
ऐसा कारोबार मुझे भी दे दो ना।

तुझे देखकर, देखूँ किसी को अब न,
रंगो का बाजार मुझे भी दे दो न।

सुनकर तेरे बोल, कोकिला शर्माए,
अपना सुर संसार मुझे भी दे दो न।

साथ–साथ रहने, चलने, जीने का मन,
प्यारा–सा परिवार मुझे भी दे दो न।

अपने आप सोचकर देखो

अपने आप सोचकर देखो, मन में कविता फूटेगी,
सूर्य देव से सन्धि करो तो, नीन्द तुम्हारी टूटेगी।

रोज–रोज ये दारू पीना, छोड़ो तो मेरे भैया,
वरना कभी तुम्हारी पत्नी, बीच सड़क पर कूटेगी।

मन ही मन संकल्प करो, ये अब न कभी भी छूऊँगा,
कुछ दिन कठिन लगेगा, लेकिन आखिर आदत छूटेगी।

बात न मानी अगर बड़ों की, राम नाम सत हो जाए,
तब तक ये दारू की बोतल, सेहत पैसा लूटेगी।

काजू किसमिस खाया कर, क्या धरा नशीले पानी में
या तो बोतल टूटेगी या तेरी किस्मत रूठेगी।

तू दारू को पीता है या दारू तुझको पीती है,
एक दिवस ऐसा आएगा, दारू तुझको घूँटेगीं

चाचा' अभी संभल जा पगले, अभी नहीं कुछ भी बिगड़ा,
लूट–खसूट मचा रक्खी है, दारू तुझे खँसूटेगी।

विश्व हुआ भारत की गैल

विश्व हुआ भारत की गैल,
हां जी, हां आ गया रफैल।

पाकर इसकी शक्ति देश का,
हर बालक दिखता जरनैल।

अब रफैल सब धो डालेगा,
अजगरवादी मन का मैल।

भारत से दुश्मनी निभाने,
पाक चीन की बना रखैल।

भारत के मुस्लिम खतरे में,
भोंक रहा है पाक चुड़ैल।

कर्ज पाक को ले डूबेगा,
होंगे सभी महल खपरैल।

चीन ने साजिस रची, करोना
चारों तरफ रहा है फैल।

बधिया बैठेगी अब उसकी,
टूट जाएगा बूढा बैल।

गाँव छोड़ा, आ गया

गाँव छोड़ा, आ गया जब से शहर,
आदमी में भर गया काफी जहर।

काम के पीछे रहा है दौड़ तू,
राम के भी नाम में गहरा उतर।

नाम ले ले बस, उसी का जाप कर,
मन ही मन में चल पड़ेगी एक लहर।

'बागी चाचा' ग़ज़ल को पूरा करो
मिल गई है तुमको एक अच्छी बहर।

गाँव का क्या हाल बतलाऊँ तुम्हें,
चल रही बरसात में ही यह नहर।

कितना लेता नाम तू भगवान का,
रात–दिन में आठ होते हैं पहर।

एक डाकू से कहा था बुद्ध ने,
मैं गया हूँ ठहर, तू भी तो ठहर।

मंदिर जाना तो टाला

मंदिर जाना तो टाला,
कदम चल पड़े मधुशाला।

मधुशाला में भीड़ बढ़ी,
चलता प्याले पर प्याला।

पीकर टुल्ल हुए सारे,
लगी दिखने मधुबाला।

लगे झूमने लोग यहाँ,
पैग पी गए पटियाला।

आज जिंदगी बनी हुई,
सुन लो साँपों की खाला।

आपस में सब भाई हैं,
क्या पठान, पंडित, लाला।

शायद प्रियतम आएगी,
कौवा बोल रहा काला।

नहीं हथौड़े से तोड़ो,
चाबी से खोलो ताला।

मन में अब तक जीवित है,
चेतक राणा का भाला।

साँप, साँप ही होता है,
इसका क्या गोरा–काला।

ग़ज़ल हमारी सन्ताने,
बड़े प्रेम से है पाला।

भारत माँ के रूप

भारत माँ के रूप अनोखे,
देख–देखकर हम तो चौंके।

लूटपाट के नेताओ को,
मौके मिले, मिले फिर मौके।

कौन बुरा है, कौन भला है,
कानी कुतिया सब पर भौंके।

सत्ता का चेहरा न दीखे,
आँखों के जल से भी धो के।

नैतिक कर्म किनारे बैठा,
बीच राह में खाकर झोंके।

मत उपदेश करो उनको,
उठे नहीं जो अब तक सो के।

कब आएगी सत्ता वो जो,
पकड़–पकड़ भ्रष्टों को ठोके?

गुण्डागर्दी देश में

गुण्डागर्दी देश में,
घूमे रावण वेश में।

दुष्ट इकट्ठे हो गए,
लिपट–लिपटकर खेस में।

सभी नशे के माफिया,
लगे हुए हैं रेस में।

धुआँ विषैला उठ रहा,
अब सारे परिवेश में।

भीतर के दुश्मन बड़े,
देश फँसा है क्लेश में।

गणपति बप्पा मोरिया,
श्रद्धा बढ़ी गणेश में।

'चाचा' मुरगा बन रहा,
चाची के आदेश में।

शांति ढूँढती क्रांतियाँ,
बस कोरे आवेश में।

हाथ में रोटी उठाओ

हाथ में रोटी उठाओ, और ऊचाँ बोलिए,
हम हुऐ हैं आत्मनिर्भर, कान सबके खोलिए।

साग–सब्जी के लिए, पैसे नहीं जब जेब में,
भूख से मरना नहीं है, आप सत्तू घोलिए।

आँकड़ों के फेर पर, सरकार को ही दोष क्यों,
तुमने गंगाजल छिड़ककर, पाप सारे धो लिए।

मन कभी भारी हुआ, तो हमने हल्का यों किया,
अपनी छाया से लिपटकर, हम हँसे फिर रो लिए।

यों तो वे हर बार ही, झूठे दिलासे दे गए,
फिर नई उम्मीद लेकर, साथ उनके हो लिए।

आप क्या हैं देवता या राक्षस सचसच कहो,
बेचने पर क्यों तुले हैं, आप सब के छोलिए।

हंस कौवे में, न अन्तर दीखता है आपको,
आप है सबके ही 'चाचा', जागते में सो लिए।

इतना मेरा कहाँ दिमाग

इतना मेरा कहाँ दिमाग,
संकट देखूँ, जाऊँ भाग।

इधर उधर के झंझट देख,
क्यों सोया है तू निर्भाग।

दारू पीकर पड़ा रहूँ,
छेड़ूँ वही पुराना राग।

बीयर की हर ब्राण्ड पता,
किसमें कितने उठते झाग।

घर में बर्तन तलक नहीं,
रोटी पर धर खाऊँ साग।

शायद आएगा कोई,
छत पर बोल रहा है काग।

साँपों की क्या बात करें,
आस्तीनों में पलते नाग।

लिविन रिलेशन में रहते,
बिन शादी के सजा सुहाग।

अभी नहीं कुछ भी बिगड़ा,
जाग सके तो 'चाचा' जाग।

अपनी कविता को

अपनी कविता को फाड़ना आया,
मान लो लट्ठ गाड़ना आया।

देह का धर्म है निभाता चल,
वरना किस काम की है ये काया।

लट्ठ गड़ते ही दूर से दीखे,
क्या कभी लट्ठ आपने खाया?

आप दुनिया में व्यर्थ ही आए,
मान–सम्मान यदि नहीं पाया।

दूसरों को जो दे रहा धोखा,
कल सुनोगे, महा धोखा खाया।

दुःख–सुख झेलकर ही जानेगा,
धूप–छाँव है उसकी माया।

मुर्गियाँ जान दे गई अपनी,
आपको कुछ नहीं मजा आया।

वक्त सोना है, वक्त चांदी है,
वक्त को, मित्र, मत करो जाया।

बाढ़ पिछले साल की

बाढ़ पिछले साल की, ना भूल पाएँगे,
इस बार सूखा, इन्द्र को कैसे रिझाएँगे।

ये अदाएं है अन्धेरी काली आँधी की,
घर के छप्पर को भी हम कैसे बचाएँगे।

नहर भी सूखी पड़ी है, खेत की तरह,
बैठकर कब जीप में, वे लोग आएँगे।

गाँव के विकास पर इस बार फिर ये लोग,
बीते सालों की तरह मेले लगायेंगे।

एक बड़ी चौपाल में है देश पर चर्चा,
ये नजारा देखने हम शहर जाएँगे।

आदमी बौना हुआ है

आदमी बौना हुआ है,
बस यही रोना हुआ है।

चाहिए कमरे–सा फैला,
दिल भी इक कोना हुआ है।

सत्य ही झेलेगा पीड़ा,
यार ये टोना हुआ है।

दूधिया के दूध जैसा,
नाप भी पौना हुआ है।

एक पापी पेट खातिर,
जिन्दगी दौना हुआ है।

चोर चोरी न करे

चोर चोरी ना करे, क्यों ना करे?
डाकुओं ने अपने–अपने घर भरे।

आँकड़ों का खेल है सरकार का,
हादसे में क्या पता कितने मरे।

आदमी वो भी बड़ा कहला रहा,
आदमी से जो रहा कोसों परे।

सत्य पनडुब्बी सरीखा हो गया,
जो सदा डूबे–तरे, डूबे–तरे।

आदमी भगवान भी, शैतान भी,
प्यार करते दिल यहां क्यों न डरे।

धूल कण यों आसमां

धूल कण यों आसमां पर छा गए,
देखकर बादल सभी घबरा गए।

राज हो चाहे किसी कम्बख्त का,
सोते–सोते घास पर उकता गए।

भूख कैसी है कि बस मिटती नहीं,
यार हम धोखे पे धोखे खा गए।

यों नदी–नाले यहाँ कुछ कम नहीं,
राजधानी नाम सुन भरमा गए।

वो तो गान्धी था, कि जिसके पेट से,
बोल कुकड़ूं.कूं के बाहर आ गए।

**

स्वर्ण जयंती वर्ष

मत पूछो क्या खोया पाया
पचास मंजिला भवन बनाया,

नींव डालना भूल गए हम
चढ़कर ऊपर याद ये आया।

ठाट-बाट से बेशक जी

ठाट–बाट से बेशक जी,
हाट–हाट का मत खा–पी।

तब कहते थे खा–पी ले,
अब कहते हो, क्यों पी ली?

नशा रूप में है प्यारे,
लगती है वो बोतल–सी।

लत अगर है पीने की,
वो भी तुझको पीएगी।

यही बताना है मुश्किल,
वो मेरी क्या लगती थी।

जग को मत कह मयखाना,
पीऊँगा वरना मैं भी।

अभी सुधर लो भैया जी,
कितनी की मेरी–तेरी।

बातें बड़ी बनाने वाले

बातें बड़ी बनाने वाले,
ढ़ोंगी होते बड़े निराले।

करते है जो धन्धे काले,
वे पिल्ले कुर्सी ने पाले।

लोकतन्त्र का होना क्या जब,
चोरों के हो गया हवाले

पूरी आजादी है मैया,
कुछ भी खा ले, कुछ भी गा ले।

धर्म यही है अब सत्ता का,
खा ले, पी ले, मौज मना ले।

ओवर फ्लो हुआ धन तेरा,
स्विस बैंक में उसे छुपा ले।

कान नहीं होते कुर्सी के,
कितना ही तू शोर मचा ले।

आदम तो हो रहा मशीनी,
कौन पढ़ेगा आज रिसाले?

वोट बैंक है गन्दी–बस्ती,
नाकों से रूमाल सटा ले।

धोलकर हर रोज

घोलकर हर रोज सत्तू जी,
राम प्यारी ठाठ से तू जी।

है भलाई भूलने में ही,
क्या हुआ करता है देसी घी।

इस बड़ी दुकान को मत देख,
ले न पाएगा लंगोटी भी।

साँस पर तो टैक्स नहीं है,
मेहरबानी मान सत्ता की।

जो दरारें है दीवारों पर,
मान उनको भाग्य रेखा ही।

हैं जितने नौटंकीबाज

हैं जितने नौटंकीबाज,
चलता है उनका ही राज।

नाम देख उनका ऊपर,
हमको भी उठती है खाज।

चुटकुले सुना रहा,
देखो अब कतिता का ताज।

नफरत की लेकर बारात,
उड़ता है हर रोज जहाज।

छलनी कैसे चुप बैठे,
छाज बना बैठा जब साज।

नहीं मंच पर हंस रहे,
शायर का बदला अन्दाज।

चिड़िया बचनी है मुश्किल,
सिर पर मंडराता है बाज।

नए साल का नया रंग

नए साल का नया रंग हो,
जीने का कुछ नया ढंग हो।

सबकी रहे निरोगी काया,
स्वस्थ्य सभी का अंग–अंग हो।

भूख गरीबी से लड़ने में,
तेरा–मेरा खूब संग हो।

सबके घर पर हो खुशहाली,
हाथ किसी का नहीं तंग हो।

भ्रष्ट जनों को कूटें मिलकर,
ऐसी हम पर चढ़ी भंग हो।

दो देशों के बीच कभी भी
आगे कोई नहीं जंग हो।

धरती से नफ़रत मिट जाए,
जीवन में कुछ नई तरंग हो।

ऐसा हो उत्थान देश का,
जिसे देख ये लोक दंग हो।

तीन रंग का मेरा तिरंगा,
रंग–रंग में नई उमंग हो।

अंतर सदा रहेगा

अन्तर सदा रहेगा पूरा आम ओ खास में,
गैया को रोटी पहले, कुत्ते को बाद में।

ऊँची उड़ान भरना अब, तूने सिखा दिया,
छानता था खाक मैं तो, इस जहान में।

ये जुल्म की हदें भी यहाँ, अब पार हो गई,
कब तक रहेगा बैठा तू उस आसमान में।

क्या शुक्रिया भी ना कहेगा, उस खुदा को तू,
अपना कोई मिल जाए, अगर बियाबान में।

कोई हादसा कभी ना इतना बड़ा हुआ,
बड़ा हुआ वो उतना ही, जितना है याद में।

पानी उतरा आँख का

पानी उतरा आँख का, हम सह गए,
गाँव, कस्बे, महल सारे ढह गए।

जिन मकानों पर टँगी थी हाँडियाँ,
बाढ़ आई तो वे सारे बह गए।

थाह पानी की समन्दर में नहीं,
डूबना होगा तुम्हें, वे कह गए।

कौन जिन्दा है यहाँ, मत पूछिये,
ज़िन्दगी के अर्थ सारे बह गए।

आदमी–सा आदमी अब है कहाँ,
उसके जैसे सिर्फ़ पुतले रह गए।

देती रहो प्यार

देती रहो प्यार की डोज,
एक गज़ल लिक्खूँगा रोज।

गली–मौहल्ले–बस्ती में,
तुम्हें रहा था कब से खोज।

बेशक वो अच्छी है पर,
तुमसे अच्छी नहीं सरोज।

भूल न पाऊँ जिसको मैं,
प्यारी दे दे ऐसा पोज।

मुझे छोड़कर प्यारी तू,
और कोई मत लेना खोज।

प्यार की पुस्तक खुली रखो,
करो चैप्टर को मत क्लोज।

वो बर्बाद रहेगा

वो बर्बाद रहेगा हो के,
जिसने वक्त गँवाया सो के।

हर नेता भ्रष्टाचारी है,
कौन यहाँ अब किसको टोके।

सत्ता का चेहरा दीखा कब,
आँखों के जल से भी धो के।

कुर्सी की महिमा है न्यारी!
धोके पर धोके ही धोके।

कुर्सी निकली निरे काठ की,
देख लिया कितना ही रो के।

बैठ गए गाँधी के बन्दर,
गूंगे, बहरे, अन्धे हो के।

बीवी की तो चुप

बीवी की तो चुप ही अच्छी लगती है,
मगर पड़ोसन गप्पी अच्छी लगती है।

छत पर दूर खड़ी हुई माशूक़ा की,
नखरीली कुट्टी भी अच्छी लगती है।

है चिकनी, चुलबुली और चितचोरनी,
उसकी लारा–लप्पी अच्छी लगती है।

उसके हाथों से पीने की बात अलग,
वरना मय भी कड़वी घुट्टी लगती है।

रंगभेद का घोर विरोधी हूँ, लेकिन,
साली गोरी–चिट्टी अच्छी लगती है।

जिस बच्चे की मम्मी ज्यादा सुन्दर हो,
उस बच्चे की पप्पी अच्छी लगती है।

दुनिया भर की धूल फाँक ली 'बागी' ने
अब आँगन की मिट्टी अच्छी लगती है।

तख्त ताजों का शहर

तख़्त ताजों का शह्र है दिल्ली,
गाजे–बाजों का शह्र है दिल्ली।

जिनको दुनिया सलाम करती है,
उन रिवाजों का शह्र है दिल्ली।

ख़ूब चिड़िया–चिड़े यहाँ रह लें,
किन्तु बाजों का शह्र है दिल्ली।

चाल क्या जाने कौन कब चल दे,
चालबाजों का शह्र है दिल्ली।

कोई इतना तो हमको बतलाए,
किन समाजों का शहर है दिल्ली।

सच तो ये है कि जाने कितने ही,
दफ़्न राजों का शह्र है दिल्ली।

धर्म के तेवर

धर्म के तेवर हुए कितने कड़े,
आदमी ही आदमी से जा लड़े।

ख़ून की तासीर बदली देखकर,
मसखरी करते हैं पानी के घड़े।

हाथ हैं क़ानून के लम्बे मगर,
चूड़ियाँ पहने हुए कब से पड़े।

क्या तरक्की बस इसी को मान लें,
हम गगनचुम्बी शहर में हैं खड़े।

चार दिखते हैं, मगर चालीस हैं,
पैर कुर्सी के हुए ज़ालिम बड़े।

वो ही है सबका

वो ही है सबका रखवाला,
मेरी क़लम चलाने वाला।

नहीं सका वो छू अन्तर को,
कागज किया व्यर्थ में काला।

शब्दजाल बुनकर तूने क्यों,
कवि होने का भ्रम है पाला?

लाया शब्द लगा जो डुबकी,
वो, देखो, बन गया निराला।

लम्बी राह चलेगा जो भी,
उसके पाँव पड़ेगा छाला।

थककर बैठ नहीं जाना तू,
फिर से बुन शब्दों की माला।

संग्रामी उर से निकलें जो,
शब्द वही बनते हैं ज्वाला।

काम का सामान हूँ

तू जो मेरी जान है, तो मैं भी तेरी जान हूँ,
तू अगर छप्पन–छुरी, मैं सत्तावनी किरपान हूँ।

यों बड़ी देवी, महादेवी बनी फिरती है तू,
बिन मेरे मारी फिरेगी, मैं ही तेरी जान हूँ।

थोबड़े पर डालकर लट, मत घटा का रौब दे,
लट उड़ा ले जाऊँगा, मैं बावला तूफान हूँ।

मैं पति परमेश्वर हूँ, तू चरणदासी मेरी,
मेरी सेवा में लगी रह, मैं तेरा भगवान हूँ।

पत्नी आगमन
रस परिवर्तन

घर भी तेरा, दर भी तेरा, मैं तो बस दरबान हूँ,
कौन साला कह रहा है, मैं तेरा भगवान हूँ।

होलसेल में तू मेरी जिंदगी में छा गई,
तेरे फुटकर प्यार पर भी, मैं रहा कुर्बान हूँ।

तू रौबीली और छबीली, जैसे वर्ल्ड बैंक–सी,
क़र्ज़ में डूबा हुआ मैं, जैसे पाकिस्तान हूँ।

मेरे घर–परिवार में, ओ सुन्दरी शो केस–सी,
तेरी सर्विस–लेन में, मैं तुच्छ–सा तरखान हूँ।

इतना नीचे गिर गया हूँ, अब उठा ले ओ सनम!
आखिर मैं भी कुछ तो तेरे, काम का सामान हूँ।

जब तक भारत की

जब तक भारत की धरती पर, अंग्रेजी का राज रहेगा,
दूर तभी तक भारत–माँ के, सिर से उसका ताज रहेगा।

जालसाज़ परवाज़ भरेगा, क्या वो ही सरताज रहेगा?
चिड़िया को लेकर पंजे में, कब तक उड़ता बाज रहेगा?

अब भी अंग्रेज़ी के आगे हिन्दी जोड़े हाथ खड़ी है,
पराधीनता का ये हम पर, कब तक झूठा राज रहेगा?

पक्षीराज मोर हमारा, फिरता है यों मारा–मारा,
राजमुकुट को पहने कब तक, बगुला धोखेबाज रहेगा?

चढ़कर हिन्दी अपने रथ पर, जब आएगी राजपथ पर
जन–गण का मन भावन, पावन, सुन्दर तभी समाज रहेगा।

एक चदरिया मैली-सी

एक चदरिया मैली–सी,
मालिक ने हमको दे दी।

आसमान भी है तनहा,
उसे ओढ़ लो भैया जी।

है जितना सब लगता कम,
यही समस्या है सब की।

अचरज है मुझको भगवन्!
जो तू है, वो हूँ मैं भी।

किस कन्फ्यूजन में था तू?
सृष्टि रचाई उलझन–सी।

भूल–भूलैयाँ–सा ये जग,
लगता है उलझी गुत्थी।

खुद तो जा बैठा नभ में,
हमको ये दुनिया दे दी।

ओ मेरी गुलदावरी

ओ मेरी गुलदावरी।
तू कहाँ पे जा मरी।

और थी सब छोरियाँ,
तू ही थी केवल परी।

ओंठ थे तेरे सनम,
जैसे ताज़ा रसभरी।

बोलती थी यों कि ज्यों,
बाँसुरी लब पे धरी।

तैरती तालाब में,
तू लगे थी जलपरी।

जिन्दगी मुझसे मेरी

ज़िंदगी मुझसे मेरी,
कर गई धोखाधड़ी।

जलपरी जो थी कभी,
बीवी होकर आ मरी।

थी कभी गुलदावरी,
अब है वो तलवार–सी।

जो कली थी फूल की,
शूल में अब वो ढली।

जो कभी मुमताज थी,
अब झपटती बाज–सी।

मेरे घर क्या आ गई,
खाट तब से है खड़ी।

पीने से पहले समझाया

पीने से पहले समझाया, ये शराब एक नाग है
अब गड्ढे में पड़ा हुआ है उनके मुंह में झाग है।

इसके ऊपर कीचड़ डाला, उस पर गोबर पोत दिया
क्या कहने उसके भी जो अब कहता इसको फाग है।

पानी भरा गुब्बारा मारा, कनपटिया झनझना। गई
समझ नहीं आता होली का ये कौन–सा राग है।

तीन दिनों तक रगड़ा फिर भी, चेहरे से न रंग छूटा
उस रगड़ा–रगड़ी के कारण, चेहरे पर अब दाग है।

तुम्ही बताओ कि इसको हम, कैसे एक त्यौहार कहें
बदला लेते वे होली में, जिनके मन में आग है।

दुनिया तो है आनी-जानी

दुनिया तो है आनी–जानी
क्यों गढ़ना है नई कहानी।

अज्ञानी ने उल्टी ठानी
उतर गया आंखों का पानी।

बड़ा बना फिरता है ज्ञानी
यही रही तेरी नादानी।

जोड़–तोड़ कितना ही कर ले
लेकिन है सब कुछ बेमानी।

पहरेदार लुटेरा निकला
कैसे हो पाए निगरानी।

मन की ही मत करना प्यारे
मन तो करता है मनमानी।

उसको अपना कर ले प्यारे
जिसकी थी मीरा दीवानी।

At Midday And At Midnight

On a tree a man of scorn,
was hanged to death he there;
At midday and at midnight,
A voice strange fills the air.

Also a knocking at the door,
And heard the dead man's cry;
And when the door is opened then,
None is found nearby.

Comes to the pond, an old saint daily,
In white dress, twelve at noon;
Long bearded with a book in hand,
On the bank disappears soon.

Under a tree some dazzling,
Some pieces burning bright;
People say that they have seen,
This mystery at midnight.

In old dark house no body lives,
None thinks to live by chance;

At midday there is musical voice,
At midnight a fairy dance.

From the tomb one rides a horse,
To it comes after a round;
Nothing he speaks, to none hears,
Not even the treading sound.

At midnight comes the running car,
On roadless land it goes;
Has sudden death, who sits in it,
What strange! Nobody knows.

Midday is the heart of day,
Of two days link midnight;
The two points have mysterious things,
The claim is truly right.

There is a number of such things
As I have told before;
Whether true or false are these,
But true is one such more.

There was summer season then,
Prevailing darkness by and by;
Neither any cry, nor birds fly,
The time was at point high.

Quite at twelve my neighbour heard,
The knocking at the door;
On opening it he found that,
There were men numbering four.

No familiar trace, not known by face,
Walked they with weird pace;
Of awkward features all these souls,
Brought him to an unknown place.

The spade was given to him,
He ssked to dig s pit;
The pit was to be of his length,
No chance meanwhile to stand snd sit.

If he obeyed them well was then,
Praised daily more snd more;
On sluggish work snd refusal,
None was kind of four.

After minutes of digging,
The lady dance was dear;
With heavenly scene the dance ended,
Then all did this disappear.

Thus this happened for few days,
That came all these men four;
Pit to dig and dance to see,
Work was there no more.

This was what came daily then,
At midnight this had been;
Anxiety now rolled on face,
To think-what he has seen.

When people came to know of it,
They had their views different;
Know more of it snd to be sure,
To Panditji he went.

For long was old Pandit famous,
With learning his mind was filled;
He said st once on hearing it,
"You will soon be killed."

Then he warned him that in cure,
There should be very hurry;
"If the pit's completely dug,
In it they will you bury."

"When tonight they come to you,
Iron axe red in fire;
Blow it on them from 'hind',
They will for good retire."

That night when the four souls came,
On one man he had blow;
This rightly happened in the way,
As Pandit had said it so.

Though he had a blow on one,
Yet disappeared all the four;
They were ghosts and not men,
And thus were seen no more.

बागी चाचा के चित्र

DESIGN
JAI KISHAN

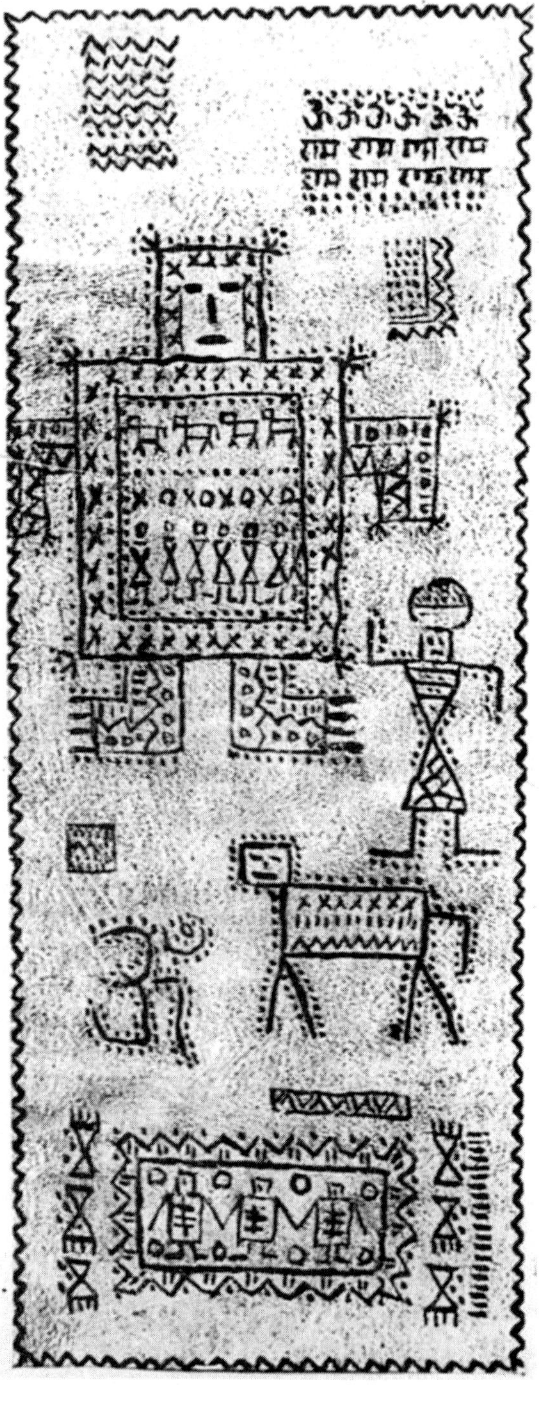
ॐ ॐ ॐ ॐ ॐ ॐ
राम राम राम राम
राम राम राम राम

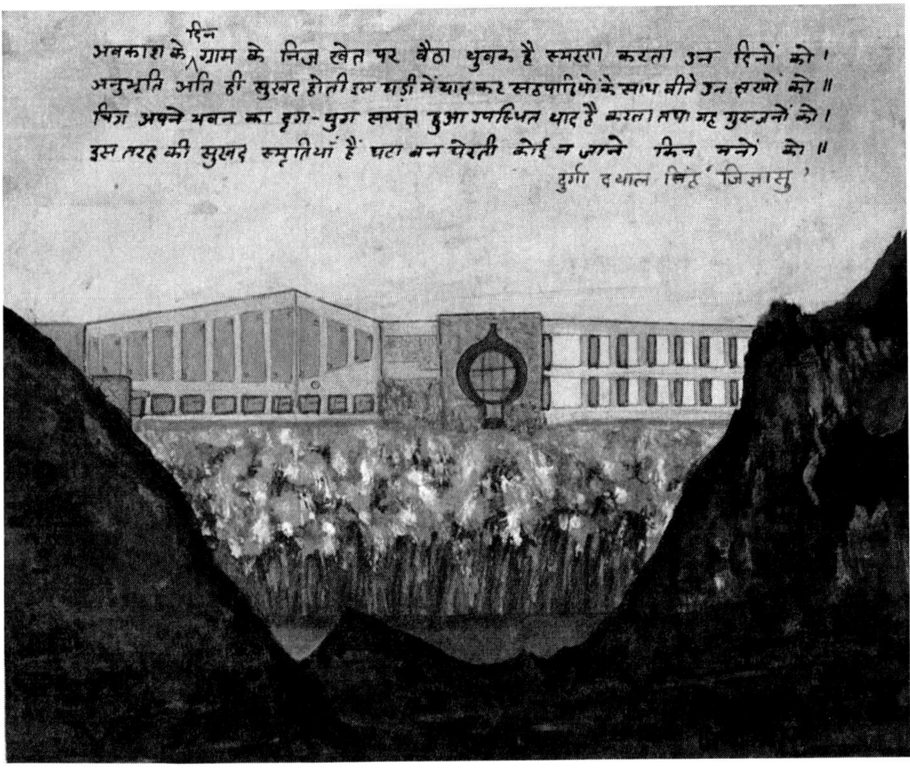
अवकाश के दिन ग्राम के निज खेत पर बैठा युवक है स्मरण करता उन दिनों को ।
अनुभूति अति ही सुखद होती इस घड़ी में याद कर सहपाठियों के साथ बीते उन क्षणों को ॥
चित्र अपने भवन का दृग-युग समक्ष हुआ उपस्थित याद है करता तथा वह गुरुजनों को ।
इस तरह की सुखद स्मृतियाँ हैं घटा बन घेरती कोई न जाने किन मनों को ॥
दुर्गा दयाल सिंह 'जिज्ञासु'